病院夜勤の友

堂島翔
Doshimashow

文芸社

はじめに

『病院夜勤の友』を手に取っていただき、誠にありがとうございます。

私は数年前から医師会の会報に、「誤変換集」や「エッセイ」などを投稿していたのですが、なかなか面白いと評判がよかったので1冊の本にまとめてみました。病院勤めの夜働く人たちだけでなく、多くの方々が気軽にページを開けるような内容です。仕事の合間に肩肘張らずに読めるように編集しましたので、白衣や仕事着のポケットに入れて空き時間にでもお楽しみください。

タイトル通り、医療機関の話題が中心となっていますが、一般の読者の方にも楽しんでいただけるよう配慮いたしました。

ほとんどはオリジナルの話題ですが、私の先輩や同僚から聞いたお話なども盛り込んでいますので、すでにご存知の話もいくつかあるかもしれません。

本文中の下手くそな挿絵は私の手によるものですが、表紙はm@ikaさんがイメージにぴったりのとても素敵なイラストを描いてくれました。そのおかげでこの本が書店に並んでいると皆様に気軽に手に取っていただけるのではないかと思います。ありがとうございました。

2019年9月　　堂島翔

目次

はじめに …………………………………………………………………3

Part 1　パソコンも間違う

● <u>笑える誤変換　その1</u>　　明日物憂(ものう)げ科受診？ ………… 8
● 看板にぶつかる！ ……………………………………… 19
● 天皇なぞなぞ …………………………………………… 21
● <u>笑える誤変換　その2</u>　　確実な衣服が必要？ ………… 23
● お勧めテーブル芸①：天国と地獄 ………………… 33

Part 2　名医と藪医者

● 名医と藪医者、その違いは紙一重 ………………… 38
● <u>笑える誤変換　その3</u>　　洗剤意識が洗濯した衣装？ …… 42
● 医師と暴力団の共通点 ………………………………… 49
● <u>笑える誤変換　その4</u>　　胃腸炎には再冷凍が有効？ …… 52
● お勧めテーブル芸②：ニムゲーム ………………… 60
● <u>笑える誤変換　その5</u>　　悪化するなら治療最高？ …… 64

Part 3　先入観と勘違い

- ●短編小説「不倫」………………………………………… 74
- ●**笑える誤変換　その6**　大惨事医療計画？………… 78
- ●ベテランの味……患者の処方の妙…………………… 86
- ●**笑える誤変換　その7**　適正な金額 2000000000000 説?… 89
- ●お勧めテーブル芸③：ドンペリ……………………… 95

Part 4　医療従事者川柳

- ●医療従事者川柳………………………………………… 98
- その①　勤務医悲哀編………………………………… 98
- その②　開業医悲哀編………………………………… 101
- その③　一般診療編…………………………………… 103
- その④　名句パロディー編…………………………… 104

- ●役員はつらいよ………………………………………… 107
- ●伝説の「美・サイレント事件」……………………… 110
- ●トホホな犬「レオン君」……………………………… 113

あとがき …………………………………………………… 121

Part 1　パソコンも間違う

笑える誤変換　その1　　　明日物憂げ科受診？

　電子カルテの医学辞書を使っていると、びっくりするようなとんでもない誤変換がときどき出てきます。逆に、一般の変換辞書の入ったパソコンで医学用語を入力しても、なかなか面白い誤変換が出てきます。特に、1文字を打ち間違えたときに誤変換が多くなるようですね。
　そんな誤変換の中で、これはと思うものを集めてみました。中には、思わず「うーん……」と、うなってしまうものや爆笑してしまうものがあります。

私のところは異常なし
 → 　私のところは異常な市
　行政に携わる方へのお手紙には、この誤変換は気を付けましょう。

脳幹部に陰影が……
 → 　納棺部に陰影が……
　これは怖い……。

焼かないでくれー

生存の可能性が高い
→ 生存の可能性が他界
生きる可能性がなくなるという意味でしょうか？

ダラシンで軽快した
→ 打裸身で軽快した
マゾでしょうか……。
注)「ダラシン」は、抗生物質の名称です。昔の抗生物質には、〇〇シンという名前が多いようです。

心臓血管外科
→ 新造欠陥外科
心臓専門の先生方、すみません。決してそのようなことは……。

弁置換
→ 便痴漢
うーん……そういう趣味の方もおられるのかと……。
注)「弁置換」は、心臓の弁を入れ替える手術です。

えー?　まだ北陸新幹線乗ってないの?
これから乗ろうと思います
　　→　これから呪うと思います
　　そ………っ、そこまで恨まなくても……。

子宮筋腫
　　→　至急禁酒
　　肝臓も悪くなる病気なのか……。

ムコソルバン
　　→　婿反る晩
　　　　むこそ
　　どんなお嫁さん?　ドキドキ……。
　　注)「ムコソルバン」は、痰を出しやすくするお薬です。

明日も脳外科受診
　　→　明日物憂げ科受診
　　　　　　　ものう
　　メンタルの病気でしょうか……。

○○さんは介助です
　→　○○さん破壊女です
ど……どんな人？

耳下腺炎
　→　**時価千円**
初診料だけなら、そのくらいの自己負担？

非特異的細菌が検出されました
　→　**人食い的細菌が検出されました**
　人食いバクテリアか！！　これは素直にあわててしまいそう。「あなたの症状は、人食い的です」、なんて患者さんに勘違いされたら怒られますよね。

頭頂葉
　→　**盗聴用**
　幻聴の原因は、これかも……。でも盗聴は犯罪です。
　注）「頭頂葉」は、脳のてっぺんの部分です。

ノルバスク
   → **乗るバス苦**

バスに乗るときに、内服すると車酔いするようです。
注)「ノルバスク」は、血圧のお薬です。

アムロジン
   → **アムロ人**

安室奈美恵さんのファッションを真似る人？　昔はアムラーと呼んでいたようですが……。
注)「アムロジン」は、血圧のお薬です。

望月先生
   → **餅好き先生**

お餅が好きな先生のようです。
「づ」と「ず」を間違えると、こうなりますね。

内閣総理大臣
　→　内科糞売り大臣

　いくら大臣級の内科医でも、糞を売ってはいけませんね。

　電子カルテならではの誤変換ですね。でも笑える……。

　ちなみに、潰瘍性(かいようせい)大腸炎の治療で、実際に便移植というのがあります。

　そのうち便を売買する時代が来るのかもしれません。

卵円孔開存症
→ 乱援交か依存症
これは怖い依存症だ……。
注)「卵円孔」は、胎児のときの心臓の中にある穴です。生まれる直後に閉鎖しますが、閉鎖せずにずっと残っているのが「卵円孔開存症」です。

糖尿コントロールまあまあ
→ 糖尿コントロールあまあま
「血糖ちょっとだけ高めだけど……ま、いっか」と思いながらこんな風に誤入力すると、電子カルテに怒られているような気がします。

下肢は楽になった
→ 柏原苦になった
全国の柏原先生、また柏原姓の方、すみません。

硝子体出血
   → **焼死体出血**

これは想像するだけでも悲惨……。
注)「硝子体」は、眼球の中の構造物です。

広州白雲国際空港
   → **口臭吐くうんこ臭い空港**

中国にある空港らしいのですが……。
「口臭」「吐く」という単語をよく使用しているとこんな誤変換になってしまいます。ごめんなさい。

聴神経腫瘍
　→　長身系腫瘍
成長ホルモンが分泌されているのか……。
　注）「聴神経腫瘍」は、脳腫瘍の一種です。

ラクナ梗塞
　→　楽な梗塞
確かに……。
　注）「ラクナ梗塞」は、症状の軽い小さな脳梗塞です。

以下は、紹介状を書くときに、よくある誤変換です。

御高診、御加療よろしくお願いいたします
　→　誤高診、誤加療よろしくお願いいたします
いいんですか？　誤高診、誤加療しても……。
　注）「御高診御加療」は、他の医師に診察をお願いするときの
　　　丁寧語です。

お手数と存じますが……
　　→　**お手薄と存じますが……**
「人員が手薄なことが分かってんなら紹介してくるんじゃねー！！」（病院勤務医）。
　あわてて「S」と「U」のキィーを打つ順番を間違えると、こうなります。どうしても右手の人差し指のほうが、左手の薬指よりも早く反応してしまうんでしょうね。

よろしくお願いいたします
　　→　**よろしうお願いいたします**
　京都出身の先生でしょうか？　なんとなくほのぼのしますね。
「よろしく」をあわてて入力すると、右手中指の押し方が不十分で、「K」を飛ばして入力してしまいます。

●看板にぶつかる！

　10年前のことですが、暗い夜道をぼんやり歩いていたら看板にぶつかってしまいました。
　歩道を歩いていて、後ろからの自転車をよけるために店の看板の下をくぐり抜けようとしたら、突然あごに強い衝撃を受けました。私のあごの高さに鉄の棒が1本、横に渡っていたのですが、私は前をよく確認していませんでした。幸いかすり傷ですみましたが、眼の高さにあったら、これくらいではすまなかったでしょう。
　家に帰ると、幼い末娘が「あごどうしたの？」と聞くので、「看板にぶつかった」と答えると、彼女は母親に報告するために台所に走っていきました。
「ママー。パパが看板にぶつかったんだって」
　それを聞いた家内は、あわてふためいて飛び出してきました。
「どこをぶつけたの！」
　と真剣な顔で聞くので、
「ここ……かすり傷だから……」
　と恐縮して答えると……、
「なんだ……びっくりさせないでよ。車をぶつけたのかと思ったじゃないの」
　と、あきれた顔で台所に戻ってしまいました。
　おいおい……。
　まあ、私のあごは、お金をかけなくても治るんですけ

どね……。
　なんだかなぁー……。

● **天皇なぞなぞ**

こんななぞなぞをご存知でしょうか？

明治天皇が、目をゴシゴシしていました。お付きの人が「何してるんですか？」と聞いたところ、明治天皇は、なんと答えたでしょう？

→答「目いじってんの（明治天皇）」

大正天皇が、大きなものを背負って歩いていました。お付きの人が「なに背負ってるんですか？」と聞いたところ、大正天皇は、なんと答えたでしょう？

→答「鯛しょってんの（大正天皇）」

　昭和天皇が、劇場に行くと、公演は終わっていました。昭和天皇は、お付きの人になんと聞いたでしょう？

→答「ショー終わってんの？（昭和天皇）」

　平成天皇が、車の助手席に乗り込むと、お付きの人が「どこに乗ってるんですか？」と聞きました。平成天皇は、なんと答えたでしょう？

→答「前のってんの（前の天皇）」

　令和天皇が、ダンスをしていたら、お付きの人が「もう帰りましょう」と言いました。令和天皇は、なんと答えたでしょう？

→答「今のってんの（今の天皇）」

笑える誤変換　その２　　　確実な衣服が必要？

　私が福井県の武生(たけふ)市に住んでいた頃のお話です。西武デパートに買い物に行こうと家を出たときに、ふとカーナビの画面を見ると、「西武生駅」という表示を見つけました。「せいぶなまえき？　そんな駅あったかな？」と思案したのですが、すぐに謎が解けました。その駅は「西(にし)　武生駅(たけふ)」だったのです。

　自分の頭の中に西武デパートという単語がすり込まれていたために、武と生よりも、西と武をくっつけて認識していたのでした。

　コンピュータの日本語変換機能も、同様の思考回路があるようで、直前に使用していた単語に変換されやすくなり、これが誤変換を生じやすくしています。

これらの可能性を考慮すると
　　→　コレラの可能性を考慮すると
　まず、早急な隔離でしょうな……。

健診は夏頃している
　　→　謙信は夏殺している
　ちなみに、川中島の最大の戦いは、9月上旬に始まったそうです。

検尿も次回に施行
　　→　検尿文字会西高
　わけが分からん……。

デイケア以後も継続
　　→　デイケア囲碁模型族
　うーん……なんとなく分かるような。
　囲碁と模型作りは、認知症の予防に良いような気がします。

午前半ばに来院
→ 午前中バニラ医院
午後はストロベリー医院に代わるのか？

夜間咳痰も出る
→ やかん石炭モデル
電気ポットが出る前は、石炭で保温していたのか？

海鮮丼を食べて具合が悪くなった
→ 疥癬丼を食べて具合が悪くなった
そうだろね……。うー気持ち悪い……。

注）「疥癬」は、ダニの一種による皮膚の感染症です。

冠攣縮性狭心症
→ 関連粛清狭心症
怖い……。どこかの国の反勢力皆殺し政策か……。
注)「冠攣縮性狭心症」は、心臓の血管が痙攣して狭窄する（細くなる）狭心症です。

今朝起床時に咳あり
→ 毛先商事に籍あり
何の会社？

自己血輸血した
→ 事故血輸血した
怖い……。
注)「自己血輸血」：感染症のリスクを避けるために、自分の血液をあらかじめ採取しておいて、手術時に輸血することがあります。

ご紹介に従い診療継続いたします
　→　ご紹介に従い心労継続いたします
「Y」の入力ミスですね。

母は肺癌で死んだ
　→　ハハハハ胃癌で死んだ
笑いごとではないのですが……。

雨の日は視界が悪い
　→　雨の日は歯科医が悪い
濡れ衣です。歯医者さんのせいではありません。

亀は目は弱い
　→　カメハメ波弱い
修行が必要だ。

ベンザブロックも併用
　→　**便座ブロック茂平用**
　茂平さん用に、ブロックでできた便座があるようです。
　注)「ベンザブロック」はご存知のように風邪の薬です。

薬剤師のミス
　→　**ヤクザ医師のミス**
　薬剤師さんを責める前に、自分のミスがないか確認しましょう。

仮に肺炎と仮定すると
   → 　カリニ肺炎と仮定すると
HIV検査が必要でしょうなー。
   注）「カリニ肺炎」は、HIV感染患者に発症しやすい肺炎です。

突然頸部が腫脹した
   → 　突然警部が主張した
　金田一耕助シリーズに出てくる警部の主張は、だいたいピント外れの推理が多いようです。『名探偵コナン』に出てくる覚醒時の毛利小五郎さんの主張もまず、外れですね。
   注）「腫脹」：大きくなって腫れることです。

裁判で判決が出た
   → 　裁判で半ケツが出た
　公然わいせつ罪で有罪！

白馬の王子さま
　→　白馬のおじさま
　あわてて「U」を打ち損じると、こうなります。

女性医師の校医が増加している
　→　女性医師の行為画像化している
　なんとなくやばそうな……映像みたい。

血糖は問題なし
　→　決闘破門台無し
　決闘するなら破門だ！　でもやっちゃった……ってとこですか。

隔日内服が必要
　→　確実な衣服が必要
　走っている途中で脱げるような衣服では困ります。

誕生会はなかった
　→　誕生会花買った
　この誤変換はまあ許せますね。

死亡診断書は会社に提出
　→　死亡診断書破壊者に提出
　なにか補償してくれるのか？

県小児科医会
　→　健勝に開会
　よろこばしいことです。

県産婦人科医会
　→　健さん夫人開会
　高倉健さんを偲(しの)ぶ会。

ダスキン多摩営業所
　→　出す○○○○営業所
　淑女の方々、申し訳ありません……。

麻疹感染者は厳重に隔離すること
　→　マシン観戦者は厳重に隔離すること
　F1の企業秘密か。

お勧めテーブル芸①：天国と地獄

　これは有名な話なので、ご存知の方も多いと思います。アメリカのとある雑誌の企画で「１枚の紙を使って、天国と地獄を表現せよ」という題目で優勝したアイディアですが、私は高校時代に初めてこれを知ったときは、超感動してしまいました。中学生以上のお子さんやお孫さんがおられる方は、これを披露すれば尊敬されること請け合いです。

1）まずA4くらいの紙を準備します。

2）ひとつの角を反対側の縁にくっつけるように折ります。

3）反対の角も同様に折り、三角屋根にします。

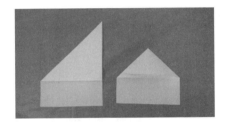

4）縦に半分に折ります（ここまでは、紙飛行機を折る要領です）。

5）縦にもう半分に折ります。

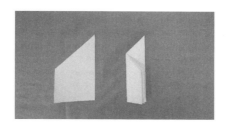

6）その真ん中を縦にハサミで切ります。

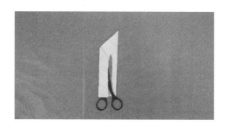

7）一番長い部分を広げずに、相手に持っていてもらいます。

8）残りをテーブルに広げて各パーツを並べます。

9）あら不思議……HELL（地獄）の文字が浮かび上がります。

10）相手が持っている紙を開いてもらいます。

11）なんと天国がそこに！（あえて写真は載せません。読者の皆さん実際に試してください）

Part 2　名医と藪医者

●名医と藪医者、その違いは紙一重

　名医と藪医者の違いを書き出してみました。

　名医といえば、漫画の『ブラック・ジャック』に、テレビドラマの大門未知子(『ドクターX』)、南方仁(『JIN』)、進藤一生(『救命病棟24時』)、朝田龍太郎(『医龍』)、柊又三郎(『外科医柊又三郎』：古い！)、それに堂島翔……なーんちゃって……。迷医の間違いでした。

夜も眠れないのが名医
昼も寝ているのが藪医者

仕事で名を上げるのが名医
仕事に音を上げるのが藪医者

忙しくてヒーヒー言っているのが名医
金がなくてピーピー言っているのが藪医者

教授の覚えがいいのが名医
教授を覚えていないのが藪医者

年を取ってウンチクを垂れるようになるのが名医
うんちを垂れるようになるのが藪医者

手に大金を持っているのが名医
手に細菌を持っているのが藪医者

手術がしたいと言うのが名医
手術が死体になるのが藪医者

息もつかないで手術をするのが名医
診断もつかないで手術をするのが藪医者

メスの扱いがうまいのが名医
雌にうまく扱われるのが藪医者

家族が誇りに思うのが名医
家族に埃のように思われるのが藪医者

離婚しても妻はじきに戻ってくるのが名医
つまはじきにされるのが藪医者

一目で診断がつくのが名医
一目で足がつくのが藪医者

「こんなに手が早いのか！」と教授から感動されるのが名医
「おんなに手が早いのか！」と教授から勘当されてしまうのが藪医者
　注）手術が早いことを「手が早い」と表現します。

手術してもらうために諭吉がたくさん必要になるのが名医
手術してもらうために輸血がたくさん必要になるのが藪医者
　注）「諭吉」：福沢諭吉＝１万円札のモデル。今回、渋沢栄一に席を明け渡すようで、長い間ご苦労様でした。

名医は七転び八起き
藪医者は七転八倒

人の上を目指すのが名医
人の上前を撥ねるのが藪医者

教授の椅子取りに縁があるのが名医
閑古鳥と借金取りにしか縁がないのが藪医者

「手術後の死亡数はこんなに少ないんですか?」と聞かれて……。
「私失敗しないので」と答えるのが名医
「私いっぱいしないので」と答えてしまうのが藪医者

群れることを嫌って医局に入らないのが名医
蒸れるので嫌われて医局には、いらないのが藪医者

私失敗しないので…

笑える誤変換　その３　　　洗剤意識が洗濯した衣装？

　萩野公介さんが、2016年のリオデジャネイロ・オリンピックの水泳の個人メドレーで、金メダルを取った翌日の新聞の見出しです。

「金メダル
萩野公介　400個メ」

すごい……金メダル400個！
ああ……400m個人メドレーですか……。

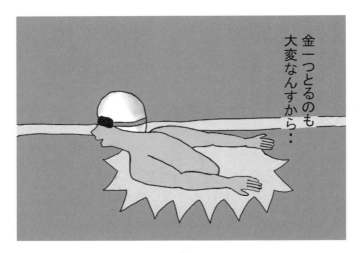

医協と医信の改選
→ 異教徒維新の会戦
なんかすごそう……。
 注)「医協」: 医師協同組合 「医信」: 医師信用組合

専務理事医師会代表
→ 千無理強い歯科医代表　　千無理爺歯科医代表
かなり強引な歯医者さんのようです。

帯状疱疹後疼痛
 (たいじょうほうしん)
→ 退場方針後藤痛
「後藤君は退場とする！」 後藤「イタタ……」ってとこですか。
 注)「帯状疱疹」は、ヘルペスウイルス感染によって、痛いブ
   ツブツが出る病気です。

市販後調査で副作用なしと判定
→ 紫斑誤調査で副作用なしと判定
うーん……。死斑でなくてよかった。
 注)「紫斑」は、出血傾向が原因となる紫色の斑点です。

下垂体機能亢進傾向にあり
　→　下垂体昨日後神経孔にあり
昨日も今日も解剖学的に無理！
注）「後神経孔」は、胎児のときの背骨にある孔(あな)です。

胃酸が増えて食道炎になった
　→　遺産が増えて食道園になった
遺産で焼肉屋さんでもはじめたのか？

胃下垂と言われた
　→　イカス胃と言われた
胃を褒められた、と喜んでいた患者さんがいました。

機能性胃腸症
　→　気のせい胃腸症
あわてて「U」を打ち損じると、こうなります。うーん……言いえて妙。
注）「機能性胃腸症」とは、自覚症状はあるが、内視鏡などの検査では、異常所見がない疾患です。

潜在意識が選択した衣装
　→　洗剤意識が洗濯した衣装
うーん、なんとなく分かるような……。

腫瘍はきれいに消失した
　→　腫瘍はきれいに焼失した
いかにも焼き切ったという感じです。

病名肺炎と言われた
　→　病名は言えんと言われた
ひょっとして悪い病気？？

今朝から上肢がつる
　→　今朝から上司が鶴
これは苦労しそう……でも、亀の上司よりましでしょうか。

とても目が見にくい
　→　とても女神憎い
何があった？

すばらしい案です
　→　すばらしいアンデス
おいしいアンデスメロンか……。

歩いて来院した高齢者
　→　歩いてラインした高齢者
「I」の入力ミスです。元気ですね。

この方は個室希望です
　→　この方は腰つき棒です
　きっと下手くそなダンサーなのでしょう。

膝が治ってゴルフ再開
　→　膝が治ってゴルフ最下位
　まだ回復不十分なのかも。

ワクチンでインフルエンザ予防！
　→　ワクチンでインフルエンザ呼ぼう！
こりゃ誰も打たんでしょう。

肺炎だけでなく肺癌もありそう
　→　肺炎だけでなく肺癌モア理想
患者さん、怒るぞ……。

胃腸炎として下記処方しました
　→　胃腸炎として牡蠣(かき)処方しました
ノロウイルスに当たらなければいいのですが……。

●医師と暴力団の共通点

ところで……。
医師と暴力団って、よく似てると思いませんか……？
共通点を書き出してみました。

上司には絶対服従である
　どこでもそうでしょうか……。

呼び出されたら、必ず職場に直行しなくてはならない
　しかも少しでも早く……。

リスクの高い仕事である
　いつ自分の身に危険が及ぶか……。

血を見ることに慣れている
　慣れても怖い……。

いい車に乗って、いい女を連れていることが多い
　私は違いますがね……。

上から下まで白い服を着ている
　最近はこんな人は、少なくなったようですが……。

刃物を持っており、「言うこと聞かないと死ぬよ」と脅す
　うーん……その通り……。

国家権力には太刀打ちできない
　そりゃ、そうだ。

麻薬や注射器を扱い慣れている
　自分に打っているわけではありませんが……。

組織のトップは、「会長」と呼ばれる
　今は、組長とは言わないようです。

会長！なんじゃい

組織に高額の上納金を納めている
　高い……。

一度組織に入ると抜けられない
　冗談ですよー！（＞＜；）

笑える誤変換　その4　　　胃腸炎には再冷凍が有効？

　先日新聞を見ていたら「警察　大きな子死ぬ」というタイトルの記事がありました。なんのこっちゃ？　と思いながら読んでいると、「きな子」という有名な犬が死んだお話でした。タイトルをよく見ると……「警察犬　きな子死ぬ………」まあ私は老眼ですので……。

薬剤濃度濃すぎ
　→　ヤクザ医農奴小杉
　全国の小杉先生、及び小杉姓の方すみません。

雨の日は休息したいが頑張って走っている
　→　雨の日は急速死体が頑張って走っている
　怖い……。ゾンビか？

高感度検査でマイナスになった
　→　好感度検査でマイナスになった
　モテないのは寂しい……。

便は出ないし、ガスも出ない
　→　便派手な医師、ガスも出ない
　音が大きいとか、色がカラフルとか？

貼った感じが悪い
　→　八田幹事が悪い
　八田幹事、悪くないですよ！

消防署から電話。
火事は今朝なかった
　　→　火事は消さなかった
それはまずいでしょう。

寒気した
　　→　左向け下
どっちを向いたらいいの？
　入力時間短縮のため、電子カルテに「左」を「さ」、「右」を「う」で登録されている先生は多いようです。

通常食で異常なし
　　→　通常食泥状梨
通常は食べないと思いますが……。

散剤のまま継続
　　→　散財野間負け遺族
　野間さんは散財したので、遺産が減った遺族は負け組……ってとこですか。
　注)「散剤」：粉薬

タバコはこのまま吸わないように
　→　タバコ箱のまま吸わないように
　それはちょっと無理でしょう。健康のためにも禁煙をお勧めします。

やってやれないことはないか…

脂肪や糖が命をおびやかす
　→　死亡野党が命をおびやかす
　誰かの亡霊か？　民主主義の危機か？

悪寒がひどいので入院したい
　→　オカンがひどいので入院したい
お母さんがひどい暴力をふるうのか？

総理大臣が総辞職宣言
　→　総理大臣が掃除職宣言
そこまでしなくても……。

耳からの眩暈(めまい)
　→　耳から飲めまい
はい、飲めません。
注）「眩暈」は、耳が原因となることが多いようです。

下腿動脈の狭窄を認めた
→ 固い動脈の狭窄を認めた

意味は通じます。
注）「狭窄」：狭くなること

静注（じょうちゅう）により改善
→ 条虫により改善

寄生虫を飲んで体調をよくする治療法があるらしい？
注）「静注」は、静脈内に注射することです。条虫は、寄生虫の一種です。

胃腸炎には柴苓湯（さいれいとう）が有効
→ 胃腸炎には再冷凍が有効

食中毒を起こさないためにも冷凍保存は大事です。
注）「柴苓湯」は、漢方薬です。

患者のために代弁する
→ 患者のために大便する

うーん……。代わってあげたいけど、それは無理。

インフルエンザ偽陰性は要治療!
　→　インフルエンザ偽陰性早う治療!
　誤変換しても珍しく意味が通じる。早く治療を!
　注)「偽陰性」:本当は感染しているが、検査が陰性になる状況
　　です。

ワクチンは2バイアル包装
　→　ワクチンは2倍ある放送
　誤報です。
　注)薬品の瓶を「バイアル」といいます。

大腿骨置換
　→　抱いた遺骨痴漢
　人間として、だめでしょう……。

乾燥肌にウレパール
　→　乾燥肌に売れパール
　真珠を売ると乾燥肌が治るらしい……。

断酒して首の凝りあり
　→　**断首して首残りあり**
怖い……。

車いす移動が医者泣かせです
　→　**車井水道会社中瀬です**
ああ……車井さんのとこの中瀬さんですか……。

中瀬です

ああ……中瀬さんですか…

お勧めテーブル芸②：ニムゲーム

「ニムゲーム」というのは、2人のプレーヤーで交互に数を言って、30を言ったほうが勝ちとか、交互にコインを取って最後のコインを取ったほうが勝ちというルールのゲームの総称です。いろいろなパターンがありますが、ほとんどに必勝法があり、それを知っていれば、負けることがありません。

1）30を言ったほうが勝ち

　1から交互に3つ以内で数字を増やしていき、最後に30を言ったほうが勝ちというゲームです。「1、2、3」「4」「5、6」……「26」「27」「28、29、30！　勝ったー！」ということになります。30を言ったほうが勝ちになるので、26を言えば、相手は29までしか言えませんので勝ちです。

　同様に4つずつ引いて、22、18、14、10、6、2を言えば勝ちですので、先手必勝です。最終の数字が32など4の倍数になりますと、最初に4を言わないといけないので、後手必勝になります。

2）三山崩し

　上記の数字ゲームは、かなりポピュラーで知っている人も多いのですが、それをちょっと複雑にしたのが「三山崩し」です。コインでもマッチ棒でも何でもいいので

すが、ここでは、紙と鉛筆を使ったやり方で説明します。

紙の上段に4本、中段に5本、下段に6本の縦棒を書きます。これを交互に斜線を入れて消していき、最後の1本を消したほうが勝ちというゲームです。同じ段の棒は、何本消しても構いません。その段全部消しても構いません。ただし1ターンで消せるのは、ひとつの段の棒だけです。パスはできません。

これにも必勝法があり、(3、5、6)(2、4、6)(1、4、5)(1、2、3)もしくは2列同数、すなわち(1、1、0)(2、2、0)(3、3、0)(4、4、0)(5、5、0)の形にして相手に渡すことです。

この必勝法は、2進法の計算を使って説明されています。各段の数字を2進数で表示し、同じ桁の足し算を行

い、すべての桁が、偶数となる組み合わせが必勝形です。

　最終的には（1、1、0）の形で相手に渡せばよいのですが、各桁2進数合計がすべて偶数の組み合わせ（必勝形）からは、どういう消し方をしても、どこかの桁の2進数合計が奇数になります。逆に、どこかの桁の2進数合計が奇数の組み合わせは、消し方によってすべて偶数の組み合わせ（必勝形）に持っていくことができますので、これが必勝法として成立する所以です。

　飲み屋さんなどでは、10～12個くらい100円玉を取り出して、「最後の1個を取ることができたら取った分全部あげる。その代わり私が勝ったら○○○……」などと前置きして、相手に100円玉を任意の3つの山に分けさせ、自分から必勝形を作るように組み立てていけば必ず勝てます。

　度胸のある方は、1000円札を12枚、バサッと出してもよろしいでしょう。必勝形さえ覚えていれば、万札が交ざっていても、どーってことありません。でも必勝形を間違えたり、悪用して大変な目にあったりしても、私は責任を取れませんので悪しからず……。

　小さいお子さんやお孫さんに、「小遣いをやる」と言って遊んであげるのもよろしいでしょう。でも、たまに勝たせてあげないと相手にしてもらえなくなります。

自分			相手			自分			相手			自分	
棒の数	二進数		棒の数	二進数		棒の数	二進数		棒の数	二進数		棒の数	二進数
1	001		1	001		1	001		1	001		1	001
4	100	→	3	011	→	3	011	→	1	001	→	1	001
5	101		5	101		2	010		2	010		0	000
合計	202		合計	113		合計	022		合計	012		合計	002

必勝形　　　　　　　　　　　必勝形　　　　　　　　　　　必勝形

笑える誤変換　その5　　　悪化するなら治療最高？

　唐突ですが、こんななぞなぞをご存知でしょうか？

　お地蔵さんの前に栗が5つ置いてありました。そこにカラスがやってきて、2つくわえていきました。さて、お地蔵さんの前には何個の栗があるでしょうか？

　簡単簡単！　3つ！
　違います。7つです。カラスは栗を「咥えて(くわ)」いったのではなく、「加えて」いったのでした。
　そんなわけあるかい！　とのお怒りは、ごもっとも。
　では、笑える誤変換、その5です。

精神保健指定医師
  → **精神保健していいし**
 指定を受ければ、精神保健をしていいということですね。

診断は未定
  → **診断は見て胃**
 やはり内視鏡で胃を見てみないと……。

胆のう内腫瘍
  → **堪能な胃腫瘍**
 どんな腫瘍？　私も一度は見てみたい。

職業は左官です
  → **職業は盛んです**
 どんな仕事だろう？　ＩＴ産業か？

間食が諸悪の根源
　　→　官職が諸悪の根源
　うーん……なんとなく誤変換ではないような……。

リン脂質問題なし
　　→　臨死質問台無し
　「最後に言い残すこと、ありますか？」「え！　私死ぬんですか？」ってとこですか。

既往歴：陰部白癬(はくせん)している
　　→　既往歴：陰部は苦戦している
　意味は、ご想像にお任せ。
　注）「既往歴」：今までにかかった病気　「白癬」：水虫

病院には行っている
　　→　病院に入っている
　外来？　入院？　どっち？　できれば、どちらも避けたい。健康が一番。

患者に8日間内服指示
　→　関ジャニ8に痴漢な衣服指示
どんな衣装なのだろう？　想像もつかない。

2年間持続している咳
　→　2年監事属している籠
監事さん、ご苦労様です。

悪化するなら治療再考
　→　悪化するなら治療最高
患者さん怒るぞ。

体調はあまり良くはない
　→　隊長はあまり欲はない
立派な隊長さんだ。

紹介状自己負担は250円
　→　小会場自己負担は250円
安い！（どっちが！）

糖尿悪化は和菓子のせい
　→　**糖尿悪化はわが師のせい**
　師匠が無理やり甘いものを食べさせたのか？

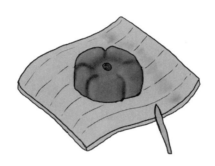

トイレ歩行はつかまって可能
　→　**トイレ歩行二十日待って可能**
　間に合わんでしょう……。

隣が女性なら儲けもの
　→　**隣が女性ならもう獣**
　意味はあまり変わりませんが、獣はいけません。

糖尿手帳はお持ちですか？
　→　糖尿手帳はお餅ですか？
違います。

お弁当はお持ちですか？
　→　お弁当はお餅ですか？
はい、そうです。

勝者を王とする
　→　商社を嘔吐する
そんなもん飲み込めん。

ワーファリン内服中納豆不可
　→　ワーファリン内服中納豆負荷
これはいかんでしょう。
注）「ワーファリン」は、抗凝固薬で納豆を食べると効果がなくなります。

育毛剤処方したが儲けなし
　→　**育毛剤処方したがもう毛なし**
　笑える……。ない袖は振れない、ない髪は生えない？

原稿は取りに来てください
　→　**原稿は鳥に来てください**
　鳥のコスチュームでいただきに上がります。

散瞳して見にくくなった
→ 賛同して醜くなった
何に賛同した？
注）「散瞳する」：眼底をよく観察するために、目薬を差して瞳孔を開くこと。

子宮がん検診を受けましょう
→ 至急がん検診を受けましょう
何か重大な異常があるのか……。

おむつ排泄にしたほうがよい
→ おむつは胃切にしたほうがよい
そんな無茶な……。
注）「胃切」：胃切除術

明日は慰労会？
→ 明日は胃瘻かい？
午後からの手術予定です。
注）「胃瘻手術」：胃に穴を開けて栄養チューブを入れる手術。

Part 3　先入観と勘違い

15年前に私が書いた短編小説です。

「不倫」

　カオルは、結婚5年目になる公立病院勤務の看護師。子供はまだいない。1ヶ月前から職場の医師と不倫関係にある。

　結婚生活に大きな不満はなかったが、刺激の少ない毎日にちょっと飽き飽きしていた矢先、同じ病棟に勤務する医師から食事に誘われた。そしてその場の雰囲気に流され、ずるずると不倫関係になってしまった。

　今晩も雑誌で紹介された、しゃれたイタリアンレストランで食事を一緒にした後、医師のマンションに直行。自宅にはいつものように、『仕事で帰りが遅くなります』とラインしたところだ。

　カオルも、いつまでもこのような生活を続けられないことは分かっているが、経済的にも余裕のある新しい相手との関係は刺激的で楽しく、この不倫関係をやめるきっかけもつかめないでいる。
「でも……もしばれたら……多分離婚かな……」そんなことを考えながら、ひと時の快楽に身をゆだねている。

　そしてついに、その時はやってきた。きっかけは同僚の密告だった。悪夢のような1日が終わり、修羅場となった自宅を離れてアパート暮らしを始めたカオルの元へ、数日後1通の手紙が届いた。中には離婚届が同封されて

いた。
　カオルは、「しかたないな……」とつぶやきながら、自分の名前を書き印鑑を押してから返信用封筒に入れ、妻の真由美宛に返送した。
「しかし……独身になったとはいっても、年上の女医さんを嫁さんにするのは……ちょっとな……」
　カオルは、そうつぶやきながらヒゲをそり、夜勤に出る準備をした。【終わり】

「なんのこっちゃ？」と思われた方も多いかと思いますが、要するにカオルは男性看護師で、不倫相手は年上の女医さんだったというオチです。これは我々の中にある「看護師は女性で、医師は男性」、という先入観（思い込み）を利用した短編小説です。
　先入観や思い込みは、誰にでもありますが、注意しないと、これが判断を誤らせる原因になるようです。夜勤中のあなた……今、先入観で物事を決めつけませんでしたか？

　さて、このようなな・ぞ・な・ぞ・をご存知でしょうか？

　荷車に荷物を載せて、坂を上っている大人と子供がおりました。前で荷車を引いている大人に向かって、「後ろにいるのは、あなたの息子さんですか？」と聞いたところ、「そうです」と答えました。そして後ろで荷車を

押している子供に向かって、「前にいるのは、あなたのお父さんですか？」と聞いたところ、「違います」と答えました。それでは、2人の関係は？

　皆様お察しの通り、前にいるのはお父さんではなく、お母さんでした。肉体労働をしているのは男という先入観を利用したなぞなぞでした。「もう、だまされないぞ」と熟考されて、正解された方も多かったのではないでしょうか。
　先入観や思い込みは、どうしてもなくすことはできないのですが、それをカバーするのが熟考と経験です。諸先輩方のご意見を伺いながら経験を積み、慎重に考えて

行動することで、少しでも判断の誤りを防ぐことができるのではないかと思います。

笑える誤変換　その6　　大惨事医療計画?

　歌を聴いていると、歌詞が本来の意味と違って聞こえることはありませんか?　これは、脳が誤変換を起こしているためです。
　たとえば糖尿病の講演を聴いた後に、故・尾崎豊さんの『OH MY LITTLE GIRL』のサビが「♪アマリールが〜」と、有名な血糖降下薬の薬剤名に聞こえませんか?
　こんななぞなぞもあります。

　歌手の小林明子さんは、ヒット曲『恋に落ちて −Fall in love−』で自分のことを、ある動物に例えて「私はまるで〇〇のようだ」と歌っています。さて、その動物とは次のどれでしょう?
　(1) 馬　(2) 牛　(3) 豚

　正解は (1) 馬です。
　これはぜひ実際にサビの部分を聴いてみてください。小林明子さんが、「私はまるで馬のようだ」と歌っています。

会長にご選任いただきました
　→　会長に五千人頂きました
部下が五千人いれば、なんでもできますね。

小浜で交通事故にあった
　→　叔母まで交通事故にあった
大変でしたね。でも、軽症でよかった。
注）小浜市は、福井県にあります。

子供が黄色で横断した
　→　子供が黄色で黄疸舌
　なんとなく通じるから、不思議です。

心室不整脈
　→　寝室不整脈
　配偶者の隣で寝ると、不整脈が起こる……。いますよね、そんな人。え？　私は違います！

家を出て幻覚が改善
　→　家を出て厳格が改善
　厳しい実家だったのですね。

病態悪化してひとつ気になったことがある
　→　病態悪化してひと月になったことがある
　１ヶ月間、なにもしなかったのですか？　そりゃー、いけませんね。

第３次医療計画
　→　大惨事医療計画
うーん……。

メドゥーサの首を見たものは石になる
　→　メドゥーサの首を見たものは医師になる
これさえあれば裏口入学はいりませんなー……。
　注）ギリシア神話では、英雄・ペルセウスは、怪物・メドゥーサの首を切り落としました。

イシになりたい者
この首を見よ！

仕事は外注
　→　仕事は害虫
まあ、そう言わんと……一生懸命、働きましょ。

貝ヒモ食べてイレウスになった
　→　会費も食べてイレウスになった
硬貨を食べると詰まるでしょうなー。
注)「イレウス」：腸閉塞

血糖も自己測定
　→　決闘文字姑息亭
なんのこっちゃ？

来週再診してください
　→　来秋再診してください
来年まで来なくていいのですか？

酒のむくみ
- → 酒飲む組

私もその組に所属しています。

注）お酒を飲むと、足や顔がむくむ人はよくいます。ツマミの塩分が多いんでしょうね。

てんとう虫のサンバ
- → 転倒無視の産婆

妊婦さんが転んだら、すぐ助けてあげないと……。

帯状疱疹は痛い
- → 退場方針敗退

最初から退場する方針では負けるでしょうなー……。

内視鏡、要医療
- → 内視鏡、用意料

内視鏡の準備にも、お金がかかるのか……。

石橋を叩いて渡る
　→　**石破氏を叩いて渡る**
○○総理ですね。

男性が怪我した
　→　**男性が汚した**
なんか危なそう……。

便は硬めだった
　→　**ベンは片目だった**
片目のベン……西部劇に出てきそう。

片目のベン

腸開腹手術
　→　超回復手術
受けたいよ。ホイミ、ベホイミ、ベホマズン。
注）「ホイミ……」は、ゲーム『ドラゴンクエスト』シリーズに出てくる回復の呪文です。

若い女性は閾値(いきち)が高い
　→　若い女性は生き血が高い
吸血鬼か！
注）「閾値」：反応を起こすための最小の刺激量。あまり痛みを感じない人は、「疼痛に対する閾値が高い」などと表現します。

日中口で競合
　国際問題かと思ったらドラフト。野球ですか……。無理すれば西＝スペイン（西班牙）も入りそうですね。

●ベテランの味……患者の処し方の妙

　もう20年近く前になりますが、若い看護師さんが中年の男性の心電図を取ろうとして、
「手首と足首を出してくださいね」
　と話し掛けていました。するとその男性は、
「乳首はいいんかい！？」
　と、やんちゃを言って、その若い看護師さんを困らせていました。
　その様子をそばで見ていたベテランの看護師さんがさっと近づいてきて、
「はいはい、乳首も出しましょうね」
　と言いながら患者さんのシャツをがばっとめくって、顔を覆って声が出せないようにして、さっさと胸部の電

極を付けていました。

　ベテランの味だなーと思いながら苦笑していたのですが、どの分野でもいろいろな経験を積むと、要領を覚えて仕事をスムーズに進めることができるようになります。

　要領とは、辞書を繰ると「物事の要点、うまいやり方、コツなど」と書いてあります。すなわち、無駄なことを排除して必要なことを的確に行う、という意味のようです。

　ところでベテラン（veteran）という言葉は、ラテン語の年老いたという意味のVetusが語源になっており、アメリカでは退役軍人のことを尊敬して言うようです。熟練した人のことは、エキスパートと言わなくてはならず、"I am a veteran"と言うと「私は昔軍隊にいました」という意味になってしまうそうです。

　しかし考えてみると、医者の世界も軍隊と似たようなものかもしれません。

　そこで、両者の類似点をあげてみました。

上司には、絶対服従

いったん事が始まると、飲まず食わずで働き続けなくてはならない

ゴーグルをして、最新のＩＴ機器を扱っている

呼び出されたら、すぐに駆け付けなくてはならない

ミスをすると、血が出る（医師は相手、軍隊は自分、の違いはある）

新人は、人間扱いされない（今は違いますか？）

笑える誤変換　その7　　　適正な金額2000000000000説？

音だけ聞いていると、よく似た言葉ってありますよね。

病院と美容院に通っている
　→　**病院と美容院似通っている**

うーん、確かに……。

頑固な患者さんを病院に紹介しようとしても納得しないので、奥さんを呼んで説明しました。
「首に縄をつけて病院に連れていってください」
　それを聞いていた家内が、ボサボサ髪の私に後でこう言いました。
「あなたの首に縄をつけて、美容院に連れていってあげるわ」

腹囲高値なら改善必要
　→　**福井高知奈良改善必要**
　福井県、高知県、奈良県の先生方は、この誤変換に閉口していることでしょう。

咳痰は出ない
　→　**石炭は出ない**
　資源の枯渇か……。まさに人類の危機だ！

痰咳は出ない
　→　**胆石は出ない**
　簡単には出ないでしょう。
　余談ですが、日本語の「でない」と、英語の「deny」が同じ読みというのも面白いですね。

大阪七福神
　→　**大阪質副腎**
　いくらお金が足りんからって、副腎を質に入れたらあきまへん。
　注）「副腎」は、腎臓の上にある小さな臓器です。

異常の有無を確認
　→　異常濃霧を確認
　運転に注意が必要だ。特に高齢化が進む現代では……。

介護施設ではむくみあり
　→　介護施設でハム組あり
　卵組とか、野菜組とかあったら楽しそうです。

適正な金額に調節
　→　適正な金額2000000000000説
　この誤変換は、一瞬何が起こったのかと、びっくりしました。二兆ですか……。

自覚症状あり
　→　痔核症状あり
よくある誤変換ですね。痔核は痛いです……。

若いときに急性肝炎罹患(りかん)
　→　若いとき2級性肝炎罹患
2級酒を飲んで肝障害？
　注）「罹患」：病気にかかること。
　　　「2級」：過去に存在した日本酒の分類体系。アルコール度数で特級から5級にまで分類された。

嘱託医
　→　食卓医
家庭にまで出向いて食事療法を指導する医師か？

軟膏でひどくなった
　→　軟膏で皮毒なった
とんでもない軟膏だ。

何か異常ですか？
　　→　何会場ですか？
この会場です。

年だから行きたくない
　　→　年だから生きたくない
まあ、そう言わずに……。

扶養家族
　　→　不要家族
微妙……。

市立病院
　　→　一律病院
マニュアルがしっかりした病院のようだ。

息子さんは帰省中ですか？
　　→　息子さんは寄生虫ですか？
残念ながらそうです。

ひどくはなさそう
　　→　ひどく鼻誘う
　いい匂い？　それとも鼻が曲がりそうな……？

結婚生活で大切なのは幸福
　　→　結婚生活で大切なのは降伏
　深イイ……。

薬物で改善している
　　→　薬物刑事(でか)以前している
　薬物刑事って……。そんなテレビドラマ、あったっけ？

この患者さんは未会計です
　　→　この患者さんは未開系です
　どこから来られた方ですか？

嘔吐は波があり
　　→　嘔吐花見があり
　飲み過ぎは注意。

お勧めテーブル芸③:ドンペリ

　医療関係者の間でのみ通用するネタです。
　仕事をしてくれた後輩に、
「ご苦労さん。ドンペリ飲ませてやるぞ」
と言って飲み屋さんに連れていきます(ご存知とは思いますが、ドンペリは高級シャンパン:ドン・ペリニヨンの略)。
　場が盛り上がったところで、
「じゃあドンペリいくか」
と言いながらポケットに準備していたナウゼリン錠(一般名「ドンペリドン」:吐き気止め)をおもむろに取り出し、
「ドンペリ、ドーン！！」

と相手の目の前にたたきつけます。困惑していた相手が状況を把握して、がっかりして場がしらけ始めたときに、隣にいるお姉さんに向かって、
「じゃあドンペリ1本入れてくれ」
　と、さりげなく注文するのがコツです。
　本当にドンペリを入れるつもりがないときには、決して出してはいけない禁忌ネタです。ポケットにナウゼリン錠を仕込むときに、それなりの現金も準備しましょう。

Part 4　医療従事者川柳

●医療従事者川柳

　勤務医時代も思い出して、医療従事者のあるある川柳を作ってみました。

その①　勤務医悲哀編

真夜中の　呼び出しつらい　雪吹雪
夏の朝　東の空には　オリオン座
　夜中や明け方の緊急の呼び出しは、本当につらいですね。夏の未明にオリオン座を見つけると、なんとなく感動します。

夜勤明け　他人(ひと)から見れば　朝帰り
朝帰り　知人が見れば　夜勤明け
　白衣をちらつかせると良いようです。

止まったか？　圧迫足りずに　最初から
　動脈からカテーテルを抜いた後は、しばらく手で圧迫しますが、圧迫をはずすときは、祈るようにして確認していました。出血すると、子供の寝かしつけに失敗したときを思い出します。「あー、また最初から……」

正月も　お盆も休めぬ　透析医
　透析の先生方、ご苦労様です。患者さんも大変ですね。

部下妊娠　ひきつる笑顔で　おめでとう
　部下の女医さんから妊娠を告げられると、産休育休時の外来や病棟勤務をどうやりくりするかが、まず頭に浮かびます。
　え？　その女医さんが不倫相手？！　それは……「おめでとう」のところを、「俺の子か」に変えてください。

呼び出され　子供泣き出す　遊園地
眠れない　今日も明日も　あさっても
　つらい……。

さあ6時　呼ばれる前に　帰ろうよ
　病院勤務医の合言葉。いつまでも病院に残っていると、余計な仕事を押し付けられます。でも勤務医って本当は、6時になんて帰れないんですけどね。

9時台の　予約患者は　20人
　なぜ患者さんは、みんな早い時間に予約したがるのでしょうか？　遅い時間なら空いているのに……。

許されぬ　寿退社　女性医師
　女医の皆さん、すみません……。

間違えた　医局じゃないよ　職業を
　……まあ、そう言わんと……つらいことも多いけど、医者もいい職業ですよ。

雨の日も　風の日も来る　救急車
　こんな日は患者は来ないだろう、と思っていても、救急車は天候に構わずやってきます。救急隊の方も大変です。

急患で　正月休みが　飛んでいく
　連休前に重症患者さんの受け持ちになると、「終わった……」と思いますね。当番制があっても、主治医の気持ちとしては、なかなか重症の患者さんを放っておけないものです。

その②　開業医悲哀編

毎日が　除雪で始まる　冬の朝
雪かきを　頼んだ除雪車　来れません
雪かきを　終えても患者が　来れません
雪かきを　終えても職員　来れません
雪かきを　終えて院長　虫の息

　豪雪のときは、医師・看護師・職員・院長まで、本当に苦労します。駐車場の雪かきが終わると、みんな死んだように倒れ込みます。

あれあれで　分かり合う年　医者患者

「先生、あの薬ちょうだいよ」「あーあれね。分かったよ」。薬を間違う医師に、間違えられても気づかぬ患者……ああ……。

年とって　頭も尿も　切れ悪し

　年はとりたくないですね。

尊老を　静かに看取る　幼き子

　優しかった祖父や祖母の死を、どんな気持ちで受け入れているのでしょうか。

その③　一般診療編

妊娠は？　ちらっと横目で　母の顔
　お母さんのいるところで、女子高生に妊娠の有無を聞いてはいけませんね。

ノロわれた　家族を診(み)れば　ノロわれる
　ノロウイルスに感染した家族を診療すると、翌日には自分も……。感染予防対策は、きちんとやりましょう。

終わっても　なかなか帰らぬ　患者さん
　ご主人やお嫁さんの愚痴を聞いてあげるのも診療の一環ですね。

インフルの　陽性を見て　ホッとする
　とにかく、診断がついたことは良かった。陰性だと、「何の病気？」と医師も患者も不安になることも……。

妊娠の　陽性を見て　ハッとする

　見逃さなくて良かった……。医師の間には、「女性を見たら妊娠と思え」という格言があります。

差し込めば　必ず反対　USB

　不思議です。

危ないぞ　眠剤欲しがる　若年者

　最近、眠剤の転売が増えているようです。これは、犯罪行為です。

その④　名句パロディー編

古い部屋　買わず飛び込む　ミスのもと

　新刊『中古住宅購入法』を買ってください！　というCMに、この川柳がよろしいのではないかと。17文字のうち、2文字半を変えただけで、まったく違う意味になってしまうんですね。ごめんなさい、芭蕉翁。

「やれ打つな!」 男児手を振る　足を蹴る
　仕事とはいえ、小学校低学年男児の予防接種が一番疲れますね。

ナスくさや　漬け物どもが　米のあと
　懐石料理では米のご飯のあとに漬け物が運ばれてきますね。

柿食えば　種があるなり　法隆寺
　意味はないのですが、柿を食べたら種があったので詠んでみました。

柿食えば…

年くえば　金が要るなり　交流時
　ちょっとモジってみました。後輩を飲み屋さんに連れていくのも大変です。

最後に……。
患者来ず　川柳詠みつつ　じっと待つ

●役員はつらいよ

　医師会に入っていると、いろいろな役職が回ってきます。学会や自治会の役員もやらなくてはならないので、なかなか大変です。
　先日、地域の夏祭りの救護班として、駆り出されました。そこで子供向けに、こんなクイズをやっていました。

「タレントの小倉優子さんは、自分はどの星の生まれだ、と言っているでしょうか？　A－コリン星　B－リコン星　C－フリン星」

　ほとんどの子供たちは、正解していましたが、「この選択肢、どれも結構微妙だなー」と思ってしまいました。

また、先日、町内会で公園の草むしりを１時間くらいしてきました。老若男女いろいろな人たちが鎌を持って雑草を刈っていくのですが、女性は気の合った仲間同士が、かたまっておしゃべりをしながら仕事をしているのに対して、男性はだいたい１人で黙々と作業を続けています。近くに知り合いがいても、一言二言交わすだけで、ただ一生懸命草を刈っています。
　何かの本で、「男は、目的がなければ買い物に行かない。女は、買い物に行くことが目的である」という文章を読んだことがありますが、草刈りをしながら「なるほど」と思ってしまいました。
　伝え聞いた話ですが、草むしりのときに１人の子供が、「トゲが刺さった」と言っていたそうです。そばにいた男性が、トゲを抜きながら諭すように言いました。
「坊主、覚えとけよ。きれいなものには、トゲがあるからな」
　その男性のきれいな奥さんを知っている周りの人たちは、笑い転げていたそうです。
　しばらくして、またその子がやってきました。今度は、枯れ木のささくれが刺さったようです。別の男性が処置をしましたが、その子は、
「きれいでないのに、トゲがあった」
　と不満そうでした。その男性は、ボソッとつぶやきました。
「きれいでなくてもトゲはある……」

その男性の奥さんを知っている人たちは、全員大爆笑というお話でした。その子は、今後どのような人生観を持つようになるのでしょうか……。

●伝説の「美・サイレント事件」

　もう30年以上前、私が医者になって間もなくの頃ですが、私が所属していた医局で、「美・サイレント事件」という伝説の事件が起こりました。

　その日は、R教授の教授回診日でしたが、私の友人のT先生は、プレゼンテーションで「numbness：痺れ」のことを「ナンブネス」と発音しておりました。

　本来「b」は発音せず、「ナムネス」と発音するべきなのですが、彼が繰り返し「ナンブネス」を連発するものですからR教授は、「bは、サイレントです」と優しく教えてくださったのでした。

　しかしT先生は、それに気づかず、その後も「ナンブネス」を連発……。教授は再び「bは、サイレント」と忠告するのですが、T先生は、「は？」といった感じで、ピンと来ていない様子。ついに教授も業を煮やして、「b、サイレント！」と語気を強くされました。

　それを聞いたT先生は、教授が「Be silent !!」と言われたのだと勘違いして、恐縮してそのまま黙ってしまったのでした。その日の教授回診が重い雰囲気の中で進んでいったことは、言うまでもありません。

　余計な「b」のおかげで、大変なことになったお話ですが、当時は山口百恵さんの歌う「美・サイレント」が流行しており、この事件は、我々の中では、「T先生の美・サイレント事件」として語り継がれていったのであ

ります。

　もうひとつ、別の「余計なものがくっついて、大変な思いをしたお話」を……。
　数年前のお話ですが、翌日の学会に出席するために、夜8時過ぎに地方のホテルに到着しました。お腹のすいた私は、夕食をとるために街に繰り出しました。すると、はるか前方に「しゃぶしゃぶ」の看板が……。私は看板に向かって一目散に歩いていきました。歩くこと、ほんの1〜2分、その間にも、しゃぶしゃぶのとろけるような舌触りを想像しながら唾液が止まらない状態です。
　ようやく目的地に到着した私は、目の前の光景に愕然としてしまいました。
　そこには明るい空間の中に、洗濯機と乾燥機が数台、ガタガタと動いているだけ。なんと、コインランドリーではありませんか！　看板を見上げると……。
「じゃぶじゃぶ………」
　まぎらわしい看板上げるんじゃねー！　と心の中で叫びながら、もうしゃぶしゃぶ店を探す元気はなく、その近くのラーメン屋さんに飛び込んだのでした。
　余計な濁点が付いたために、大変な思いをしたお話でした。

　さらにもうひとつ、今度は逆に、「なくなったために、大変なことになったお話」です。ここからは、話が少々

落ちますので、淑女の方々は、お読みにならないほうがよろしいでしょう。
　むかし、パチンコ屋さんの大きな看板に、『冬のソナタ』の絵が描かれていました。ご存知のように、パチンコ屋さんの看板というものは、文字が一部消えてしまうことがよくあります。(もうこのあたりで、オチが分かってしまった方もおられるかと思いますが)「パチンコ」の「パ」の文字が消えてしまっていたのです。
　「〇〇〇」の下で、じっと見つめ合う、ペ・ヨンジュンとチェ・ジウの姿が哀れでなりませんでした。

●トホホな犬「レオン君」

　レオン君が我が家にやってきたのは、6年前の秋です。当時小学生だった末娘からは、犬が欲しい、とずっと言われ続けていたのですが、「世話できんやろ！　旅行にも行けんぞ！　家も臭くなる（新築したばかり）！」と相手にしませんでした。そんな私が犬を飼おうと決心したのは、姉2人が県外の大学に出て、私も忙しくなって、あまり末娘の相手をしてやれなくなったためです。

＜自分はイケメンだと思っているレオン君　当時3歳　オス＞

　家内と3人で犬屋さんに行くと、生まれて1ヶ月くらいのダックス・プードルのミックス犬の兄妹を見つけました。
　白いメスは、静かに寝ていたのですが、栗毛のオスは、「ここから出さんかい！」とばかりに元気に飛び回って

いました。
　外に出ると、ソファの上を忙しそうに歩き回り、末娘の手のひらにちょこんと乗ってきて、彼女は一目で気に入ってしまいます。家内が、「ちょっと落ち着きなくないですか？」と不安な様子で店の人に聞いたところ、「大きくなれば、落ち着きますよ」との答え。私が犬に向かって「うちに来るか？」と問い掛けると、ビー玉のような目で、私の顔をじっと見て無言でうなずきました。
　これが決定打となって飼うことになったのですが、末娘に向かって、「ちゃんと世話するか？」と聞くと、ほんの少し笑みを浮かべて無言……。もうここまで来たら買ってもらえると確信しているので、下手に自分が不利になる返事をしないところが、彼女の狡猾なところです（結局犬の世話は、家内が中心となり、末娘は遊び専門となるのですが……）。

　レオンと名付けられたその犬は、元気いっぱいで、家内が危惧した通り「やんちゃ」でした。世話をしている家内には咬みつくし、知らない人には吠えまくるし、部屋のあちこちでおしっこを漏らします。私はそのたびに、「かまない！　ほえない！　もらさない！」と注意し、家内の努力もあって、なんとか排泄は、ケージの中でできるようになりました。
　店の人の言葉を信じて、「1歳になったら、おとなしくなるだろう」と期待していたのですが、6歳になった

今でも歩いている人に吠えまくるので、散歩はいつも暗くなってからです。
　飼い主さんの横をテチテチと歩く普通の散歩ではありません。「こっちじゃ！」と言いながら、自分の行きたい方向に飼い主さんを引っ張って疾走する「散走」で、飼い主さんにも相当の体力がいります。犬は速く走るときには、後ろ足をそろえて同時に蹴るということを知りました。帰ってくると足は真っ黒で、風呂場に直行となります。また、家内の手はいつも咬み傷だらけで、家内には破傷風の予防接種をしておきました。
　おもちゃを放り投げると、上手にキャッチしてちゃんと持ってきます。でも飼い主さんの手元には持ってこずに、手の届かないところにポトンと落とし、「取ってみ！」という顔で飼い主さんを見つめます。飼い主さんが取ろうとすると、すぐに咥えて、馬鹿にしたように横目でにらんで、鼻でせせら笑うという根性ワルです。

1
ジャンプ！
上手ー！

2
てちてち…

3
ポイ！

4

ばかにしとるやろー

おめー飼い主さん

トッテミ！

　レオン君のトホホなところを箇条書きにしてみます。
1）自分の名前は、「レオンクン」だと思っていること。
2）興奮すると、大好きな家内に咬みついてしまい、叱られること。
3）夏暑いのに、飼い主さんの膝の上にちょこんと乗ってくること。
4）そのくせ、しばらくすると、自分が暑くなってソファの端っこに移動すること。
5）玄関のチャイムが鳴ると、急に吠え出し「仕事してますよ」といった顔で、ちらっと飼い主さんを見ること。
6）そのくせ、家の中に誰もいないときは、チャイムが鳴っても知らん顔で寝ていること。
7）私が家に帰ると、顔を見るまで誰か分からず吠えまくること。

8）そのくせ、誰か分かると、「遅かったやないすかー！　待ってましたんやでー！」といった顔でじゃれつくこと。

　9）犬のくせに、あおむけで無防備に爆睡すること。

　10）犬のくせに、飼い主さんの布団のど真ん中で寝ること。

　11）散歩の途中で疲れると、てこでも動かなくなり、「抱っこ……」という顔で、飼い主さんをじっと見つめること。

　12）お手、お代わり、ハイタッチの一連の動作を「お手」だと勘違いしていること。

　13）食べ終わったごはんの皿を大事に抱え込み、「お代わりあげるからそれちょうだい」と言っても決して離さないこと。

<俺の大事……>

レオン君が理解できる言葉：ごはん、お散歩、お肉、チーズ
レオン君が理解できない言葉：後で、おしまい

　こんなトホホなレオン君ですが、彼がやってきてから、家の中はとても明るくなりました。犬の存在が家族の心を和ませ、ぎすぎすした雰囲気も解消してくれます。
　その後、家族旅行には、一度も行っていません。ペットホテルに預ければ、どこでも行けるのですが、彼がどんなに寂しがるだろうと考えると、とても置いていけないのです。遠出をするのは、家内の実家に行くときだけなのですが、もちろんレオン君も一緒です（ときどき車酔いをして吐く）。
　我が家でペットを飼うのは、これが最初ですが、まさしく家族が1人増えた感覚で、彼がいない家の中は、も

う想像ができません。短い犬の命……いつかは必ず別れる日がやってくるのですが、「やんちゃでいいから、少しでも長生きしてほしい」と願いながら、膝のぬくもりを感じています。

あとがき

　2003年より数冊の本を自費出版してきましたが、その費用が知らない間にとんでもないことになって家内から顰蹙(ひんしゅく)を買ってしまいました。以後出版は控えていましたが昨年POD（Print On Demand）というシステムによって数万円で紙の本が出版できることを知り、久しぶりに医療小説「ゼウスの火」を出版してみました。Amazon Kindleから紙の本だけではなく電子書籍としても注文できてとても良いシステムなのですが、残念ながら本の体裁もそれなりでした。「視聴しただけでウイルスに感染して１週間後に死ぬ」という「呪いのビデオ」を科学的に理屈づけた作品で、友人の間では「画期的なアイディア！」と結構評価が高かったのですが、宣伝もなく書店にも流通しないので全く売れませんでした。

　そんなわけで今回の「病院夜勤の友」は思い切って文芸社さんから出版していただくことにしました。出版費用に関してはまた家内の顰蹙を買ってしまったのですが、担当の宮田敦是さんはじめ皆さんの仕事がとても丁寧かつ繊細でとても素晴らしい本に仕上がりました。

　この作品は医療現場の笑い話などをまとめたものですが、立ち読みで結構ですので是非多くの方々に読んでいただきたいと思います。評判が良ければ第二弾も出版したいと思っているのですが……（家内には内緒です）。

著者プロフィール

堂島翔（どうしましょう）

　1959年福井県生まれ。
　内科開業医。2003年より執筆活動を開始。医療現場を題材としたフィクションやSF小説を数冊出版している。著書に「風の軌跡―風間俊介診療録―」「スーパーDr.うるとら万太郎」「猫森町すずかけ通り３丁目こぎつねよろず診療所」「ゼウスの火」などがある。主な作品はブログ「堂島翔のページ」にて公開されている。好きなものはビールと温泉。趣味は犬の相手。

病院夜勤の友

2019年11月15日　初版第１刷発行

著　者　堂島翔
発行者　瓜谷　綱延
発行所　株式会社文芸社
　　　　〒160-0022 東京都新宿区新宿１−10−１
　　　　電話　03-5369-3060（代表）
　　　　　　　03-5369-2299（販売）

印刷所　株式会社暁印刷

©Doshimashow 2019 Printed in Japan
乱丁本・落丁本はお手数ですが小社販売部宛にお送りください。
送料小社負担にてお取り替えいたします。
本書の一部、あるいは全部を無断で複写・複製・転載・放映、データ配信することは、法律で認められた場合を除き、著作権の侵害となります。

ISBN978-4-286-21040-7　　　　　　　　　　JASRAC 出 1905949-901